ERNST VON CAEMMERER
Reform der Gefährdungshaftung

SCHRIFTENREIHE
DER JURISTISCHEN GESELLSCHAFT e.V.
BERLIN

Heft 42

W
DE
G

1971

DE GRUYTER · BERLIN · NEW YORK

Reform der Gefährdungshaftung

Von

Dr. Dr. h. c. Ernst von Caemmerer
o. Professor an der Universität Freiburg i. Br.

Vortrag
gehalten vor der
Berliner Juristischen Gesellschaft
am 20. November 1970

W
DE
G

1971

DE GRUYTER · BERLIN · NEW YORK

ISBN 3 11 00 39192

I

Die Themenstellung „Reform der Gefährdungshaftung"[1] mag vielleicht manchen befremdet haben. Wer die internationale Diskussion überschaut, wird fragen, ob es nicht heute bereits um etwas ganz anderes geht. Sie kennen die Reformpläne, die das Haftpflichtrecht, und zwar sowohl Verschuldens- wie Gefährdungshaftung, als für die Bewältigung des Unfallproblems der modernen technisierten Welt nicht mehr geeignet, durch eine „versicherungsrechtliche Lösung" ersetzen wollen. An die Stelle der Haftpflicht soll eine allgemeine Unfallversicherung treten, die gegen sämtliche Unfallrisiken unserer Zeit schützt. Die Aufklärung, wer für den Unfall und den Schaden verantwortlich ist, die heute unter Umständen bei Prozessen durch drei Instanzen so viel Zeit, Arbeitskraft und Kosten bei den mit dem Fall befaßten Gerichten, Anwaltsbüros, Privat- und Sozialversicherern und sonstigen Beteiligten kostet, soll entfallen können. Es käme nur noch auf die Unfall- und Schadensfeststellung an.

---

[1] Die Vortragsform wurde beibehalten. Aus dem Schrifttum darf allgemein außer auf die Lehrbücher von *Esser*, Bd. II, 3. Aufl. 1969, §§ 114—116; *Fikentscher*, 2. Aufl. 1969, § 109; *Larenz*, II, 9. Aufl. 1969, § 71 auf folgende Arbeiten und Materialien verwiesen werden: *Deutsch:* Gefährdungshaftung und Verschuldenshaftung. Karlsruher Forum 1967 (Sonderdruck); *derselbe:* Generalklausel für Gefährdungshaftung. Karlsruher Forum 1968 (Sonderdruck); *Esser:* Grundlagen und Entwicklung der Gefährdungshaftung, 1941, Neudruck 1969 mit wichtigem Vorwort; *Hauss:* Zur Reform des deutschen Haftungsrechts, Vortrag vom 30. 11. 1964 (Sonderdruck herausgegeben vom Justizministerium des Landes Nordrhein-Westfalen); *derselbe:* Entwicklungslinien des deutschen Schadensersatzrechts. ZVersWiss. 1967, 151; *Eike v. Hippel:* Schadensausgleich bei Verkehrsunfällen. Haftungsersetzung durch Versicherungsschutz. 1968; *derselbe:* Internationale Entwicklungstendenzen des Schadensrechts. NJW 1969, 681; *Kötz:* Haftung für besondere Gefahr — Generalklausel für die Gefährdungshaftung. AcP 170 (1970) 1; *Rinck:* Gefährdungshaftung. 1959; *Max Rümelin:* Schadensersatz ohne Verschulden. 1910; *Weitnauer:* Karlsruher Forum 1968 (Umdruck); *derselbe:* Aktuelle Fragen des Haftungsrechts. VersR 1970, 585, 598; *Zweigert-Kötz:* Die Haftung für gefährliche Anlagen in den EWG-Ländern sowie in England und den Vereinigten Staaten von Amerika. 1966. *Bundesministerium der Justiz:* Referentenentwurf eines Gesetzes zur Änderung und Ergänzung schadensersatzrechtlicher Vorschriften. Bd. I Wortlaut. Bd. II Begründung. Januar 1967. Aus dem nach dem Vortrag erschienenen Schrifttum ist besonders hinzuweisen auf: *Deutsch:* Methode und Konzept der Gefährdungshaftung. VersR 1971, 1; *Weyers:* Unfallschäden. Praxis und Ziele von Haftpflicht- und Vorsorgesystemen. 1971.

Diese Vorschläge sind vor allem für die Verkehrsunfälle gemacht worden. Ich erinnere an die Anregungen von *Albert Ehrenzweig*, Berkeley von 1955 über "Full Aid" Insurance for the Traffic Victim[2], die Untersuchungen von *Conard*, Ann Arbor, von 1964 über Automobile Accident Costs and Payments[3], die Untersuchungen von *Keeton* und *O'Connel* über Basic Protection for the Traffic Victim (1965/1967)[4] und die von Governor Rockefeller veranlaßte Untersuchung des *New York State Insurance Department* über die Problematik des "fault insurance system" bei Verkehrsunfällen und die Möglichkeiten einer sachgerechteren Lösung, die im Februar 1970 vorgelegt wurde[5]. In Frankreich hat *André Tunc* 1966 Reformvorschläge solcher Art ausgearbeitet und mit großem Temperament und Engagement begründet und verteidigt[6]. Das System der Deliktshaftung und alles Pathos, das man zur Verteidigung des Verschuldensprinzips aufwende, sei unglaubwürdig. Der Unfallfahrer hafte *nie*, möge ihn noch so schweres Verschulden treffen und möge er auch derjenige sein, der die Gefährdung setzt und die Gefahrenquelle, das Automobil, nutzt. Er hafte dennoch nie, denn er sei versichert. Mit voller Schwere treffe das Verschuldensprinzip nur das Verkehrsopfer. Ein Familienvater mache als Fußgänger, um im Gedränge an anderen rascher vorbeizukommen, einen Schritt vom Bürgersteig, werde von einem Auto erfaßt und sterbe an den Folgen des Unfalls. Seine Schuld werde ihm erbarmungslos zugerechnet und könne ihn und die Seinen ganz (unabwendbares Ereignis, «fait de la victime» als « force majeure») oder mindestens teilweise um den Ersatzan-

---

[2] *Ehrenzweig:* "Full Aid" Insurance for the Traffic Victim — A Voluntary Compensation Plan. Berkeley 1954. Erneut abgedruckt in Calif. L. Rev. 43 (1955) 1.

[3] *Conard, Morgan, Pratt, Voltz, Bombaugh:* Automobile Accident Costs and Payments. Ann Arbor 1964.

[4] *Keeton, O'Connell:* Basic Protection for the Traffic Victim. A Blueprint for Reforming Automobile Insurance. Boston-Toronto 1965. Verschiedene Aufsätze derselben Autoren zu diesem Thema 1966 und 1967.

[5] *Bericht des New York State Insurance Department* vom 12. Februar 1970. Vgl. dazu *Editorial:* Road Accident Compensation. The New Law Journal 120 (1970) 469 und *Tunc,* Revue internationale de droit comparé 22 (1970) 361.

[6] *Tunc,* La sécurité routière. Esquisse d'une loi sur les accidents de la circulation. Paris 1966. Zahlreiche Aufsätze von *Tunc* zu diesem Thema seit 1966.

spruch bringen. Aber auch dieser Fußgänger ist, trotz seines Fehlverhaltens, doch ein Opfer des modernen Verkehrsrisikos und seiner typischen Auswirkungen. In Deutschland ist *Eike von Hippel* (1967) für diese Konzeption der *Haftungsersetzung durch Versicherungsschutz* im Bereich der Verkehrsunfälle eingetreten und hat (1968) einen entsprechenden Reformplan vorgelegt[7].

Man will also das Problem der Verkehrsunfälle in der Weise ordnen, wie wir das seit 1884 in der Sozialversicherung bei den Arbeitsunfällen kennen. Hier hat sich die Ersetzung der Haftung des Arbeitgebers (und seit 1963 auch der Arbeitskollegen) durch die soziale Unfallversicherung auch international immer mehr durchgesetzt.

Es entsteht dann aber alsbald das Problem, ob das gleiche System nicht ganz allgemein auf alle Unfälle erstreckt werden kann und muß. Ein Passant wird durch die herabfallende Last eines Baukrans verletzt, siebzig Menschen wurden vor kurzem in Kaiserslautern durch Chlorgasschwaden vergiftet, die entweichen konnten, weil in einer Chemikalienhandlung in der Nähe des Hauptbahnhofs Leitungen falsch angeschlossen waren. Unbeteiligte werden bei Sprengarbeiten verletzt usw. Ist dann nicht auch hier anstelle der Aufklärung, wen eigentlich die Schuld an solchen Unfällen trifft, die Haftungsersetzung durch allgemeinen Unfallversicherungsschutz konsequent? Ist es wirklich sinnvoll, daß hier untersucht werden muß, ob den Kranführer, einen Angestellten der Chemikalienhandlung oder der Firma, die die Leitungen verlegt hatte, den Sprengmeister oder seine ausführenden Leute, die nicht richtig abgesperrt haben, ein Verschulden trifft? Oder ist nicht statt aller solcher Untersuchungen und der hier auftretenden Probleme des § 831 BGB eine Ersetzung der Haftpflicht durch den Schutz einer Unfallversicherung auch für diese Risiken die bessere Lösung? Entsprechende Konzeptionen werden auch bereits entwickelt, beispielsweise in dem Untersuchungsbericht einer Royal Commission für Neuseeland (im sogenannten *Woodhouse Report*) von

---

[7] *Eike von Hippel:* Schadensausgleich bei Verkehrsunfällen. Umrisse eines neuen Systems. NJW 1967, 1729. *Derselbe:* Schadensausgleich bei Verkehrsunfällen. Haftungsersetzung durch Versicherungsschutz. Eine rechtsvergleichende Untersuchung. 1968.

8

1969[8], in den Vorschlägen von *Lord Kilbrandon*, dem Vorsitzenden der schottischen Law Commission[9], von *Franklin* in den USA[10] und von *Eike von Hippel* in Deutschland[11]. Auch in Schweden wird diese Lösung bei den Reformarbeiten zur Zeit erwogen.

Es mag sein, daß einer solchen Lösung die Zukunft gehört. Ihre Verwirklichung steht jedoch in weitem Feld und ist weitgehend eine politische Frage. Das Bedürfnis für eine Reform an Haupt und Gliedern wird bei uns jedenfalls nicht so stark empfunden wie vielleicht in den USA, wo die faktische Lage hinsichtlich des Ersatzes von Unfallschäden besonders unbefriedigend ist. Aus den Ausführungen von *Prosser*[12], der an sich konservativ an der haftpflichtrechtlichen Lösung festhalten will, ergeben sich für den europäischen Betrachter als Hauptpunkte die folgenden Mängel: Die Notwendigkeit für den Verletzten, "negligence" zu beweisen, das unbefriedigende Verfahren vor der Jury, langwierige und teure Prozesse mit denkbar unsicherer und ungenauer Tatsachenfeststellung, in vielen Staaten noch immer der volle Ausschluß von Ersatzansprüchen bei "contributory negligence", also bei mitwirkendem Verschulden, vielfach völlig unzulängliche Haftpflichtversicherungsanforderungen, keine Kontrolle der Solvenz der Haftpflichtversicherer, völlige Schutzlosigkeit des Verkehrsopfers in Fahrerflucht- (hit and run)-Fällen, Erfolgshonorare der Anwälte, die 50 % des Schadensersatzes auffressen können, keine Kostenerstattung durch die unterliegende Partei. Welchen Situationen sich das Verkehrsopfer gegenübersehen kann, zeigt ein bekannter New Yorker Fall von 1966, der als Schulbeispiel für die Lehre vom „Durchgriff" bei juristischen Personen erörtert wird. Die Entscheidung[13] beschreibt die bei großen Taxiunternehmen offen-

---

[8] Dazu *Matheson*, International and Comparative Law Quarterly 18 (1969) 191; *Szakats:* Compensation for Road Accidents. A Study on the Question of Absolute Liability and Social Insurance. Wellington, 1968. S. 136; *Tunc*, Revue internationale de droit comparé 20 (1968) 697.

[9] *Lord Kilbrandon*, Other People's Law. London 1966 und dazu *Kötz* RabelsZ. 33 (1969) 595.

[10] *Franklin:* Replacing the Negligence Lottery: Compensation and Selective Reimbursement. Virginia Law Review 53 (1967) 774.

[11] *Eike von Hippel*, Internationale Entwicklungstendenzen des Schadensrechts. NJW 1969, 681, 683.

[12] *Prosser*, Law of Torts, 3. Aufl. St. Paul (Minn.) 1964, S. 577.

[13] *Walkovszky v. Carlton*, 18. N. Y. 2d 414, 223 N. E. 2d 6 (1966).

bar verbreitete Praxis, zahlreiche einzelne "corporations" zu Eigentümern ihrer Taxiflotte zu machen. Diese Tochtergesellschaften besitzen dann jeweils nur ein oder zwei Taxis, die lediglich mit der gesetzlichen Mindestsumme von in New York 10 000,— $ haftpflichtversichert sind.

In Deutschland besteht bei Kraftfahrzeugen und teilweise darüber hinaus Versicherungszwang mit ausreichenden Mindestsummen. Dabei sind die Ansprüche des Verletzten auf die Leistung der Haftpflichtversicherung entweder durch den Direktanspruch oder außerhalb der Kraftfahrzeughaftpflicht durch die besonderen Vorschriften des Versicherungsvertragsgesetzes (§§ 156 ff., 158 b ff. VVG) gesichert. Weiter ist der Ver·letzte für die Erst- und Grundversorgung normalerweise nicht auf die Haftpflicht angewiesen. Die dringenden Bedürfnisse wie Arzt- und Krankenhauskosten sowie Mindestbezüge sind meist durch private oder soziale Krankenversicherung und durch Lohn- oder Gehaltsfortzahlung bzw. Pensions- oder Rentenzahlung gesichert. Im übrigen kann prozessual, auch bei Streit über die Haftpflicht, die Deckung dringenden Bedarfs durch vorläufige Zahlungen im Wege einstweiliger Verfügungen angeordnet werden. Es geht dann also in einem etwaigen Haftpflichtprozess einmal um die darüber hinausgehenden Schäden, also um Schmerzensgeld, weiteren Erwerbsausfall, höhere Behandlungskosten usw. und, da alle diejenigen, die mit der Erstversorgung in Vorlage getreten sind, ein Rückgriffsrecht haben, um die endgültige Lastenverteilung. Hier ist es dann unter Umständen eher tragbar, wenn in zweifelhaften Fällen die prozessuale Austragung der Frage Zeit kostet. So ist in Deutschland der Druck auf eine Reform durch Übergang zu einer allgemeinen umfassenden versicherungsrechtlichen Lösung des Unfallproblems nicht so stark, und die Diskussion dieser Pläne hat noch kaum begonnen.

Man muß prüfen, ob auch ein solches System von im Wettbewerb stehenden Versicherungsgesellschaften getragen werden kann oder uns einem zentral gesteuerten Apparat eines riesigen öffentlichen Versicherungs- und Versorgungssystems mit allen Schattenseiten einer so gestalteten Bürokratisierung ausliefert[14].

---

[14] *Hauss:* Entwicklungslinien des deutschen Schadensersatzrechts. ZVers-Wiss. 1967, 151, 166.

Man muß weiter prüfen, ob das System die bisherigen
Leistungen des Schadensausgleichs erbringen kann, oder ob es
mit einer nivellierenden Minderung der Ersatzleistungen, etwa
dem Wegfall vollen Ersatzes von Erwerbsausfall und dem Wegfall von Schmerzensgeld, erkauft werden muß.

Es geht weiter um die Frage — und sie hat meines Erachtens
ein besonderes Gewicht —, ob auch eine solche Unfallversicherung so organisiert werden kann, daß die einzelnen Risikoträger
über die Versicherungsprämien mit den Kosten des von ihnen
geschaffenen Risikos belastet werden. Es muß dabei bleiben, daß
die Autohalter das Kostenrisiko der Kraftfahrzeugunfälle und
die Industrie das Risiko der von ihr herrührenden Gefahren
und damit auch der Schädigung außenstehender Dritter durch
Betriebsunfälle tragen. Man muß schließlich untersuchen, wie
weit und in welchen Fällen durch Verlust von Prämienvorteilen
oder durch drohenden vollen oder teilweisen Regress (etwa bei
Gefahrerhöhung oder besonderem Verschulden) auch weiter-
hin ein Druck auf Unfallvermeidung ausgeübt werden kann und
muß.

Die in den faktischen Verhältnissen eines in Menschenaltern
entwickelten Systems liegenden Schwierigkeiten für eine grund-
stürzende Reform braucht man im übrigen nur zu nennen.

So wird es also auf absehbare Zeit zunächst einmal darum
gehen, das geltende System der Regulierung von Unfallschäden
so fortzubilden und zu reformieren, daß es möglichst befriedi-
gend funktioniert. Dazu gehört aber neben anderem auch eine
Reform unserer Grundsätze der Gefährdungshaftung.

II

Unser gegenwärtiges System der Behandlung von Unfallschäden ist bekanntlich ein gemischtes System. Neben die Verschuldenshaftung, die nach wie vor weite Bereiche beherrscht, tritt
die in Sondergesetzen geregelte Gefährdungshaftung für einige
im Laufe der Entwicklung als besonders wichtig hervorgetretene
technische Risiken. Für den weiten Bereich der Betriebsunfälle
ist die haftpflichtrechtliche Lösung durch den Versicherungsschutz der Sozialversicherung ersetzt. Soweit hinter der Verschuldenshaftung oder der Gefährdungshaftung die obligato-
rische Haftpflichtversicherung des Wagnisträgers steht, haben

wir einen Übergang zu einer versicherungsrechtlichen Lösung.
Auch soweit das Verschuldensprinzip herrscht, sehen wir es
heute anders als der Gesetzgeber und die Wissenschaft des 19.
Jahrhunderts. Diese wollten grundsätzlich *nur* den schuldhaft
Handelnden zur Schadensersatzleistung verpflichten, weil
andernfalls die menschliche Handlungs- und Bewegungsfreiheit
unangemessen eingeschränkt würde. Wer mit bestem Wissen
und Können keinen Schaden voraussieht, müsse handeln dürfen,
ohne eine Haftung für dennoch eingetretene Schäden befürchten
zu müssen, sonst werde die freie Lebensbetätigung des einzelnen
zu stark eingeengt. Das überzeugt heute in dieser Form nicht
mehr.

Freilich ist das Deliktsrecht auch in der Gegenwart noch eines
der Mittel, den Handlungsspielraum der einzelnen abzustecken,
den Freiheitsspielraum des einen mit den schutzwürdigen Interessen der anderen zu versöhnen. Insoweit geht es dann darum,
die Koexistenz menschlicher Freiheit zu ermöglichen und zu
sichern. Das Deliktsrecht grenzt also den Handlungsspielraum
des einzelnen ab. In ihm wird mitentschieden, wie weit der
einzelne im geschäftlichen Wettbewerb, bei der freien Meinungs-
äußerung, bei der Berichterstattung in Presse, Funk und Fern-
sehen und in seinem künstlerischen Schaffen gehen kann, wenn
er etwa bei Schlüsselromanen, Warentests, Warnung vor
bestimmten Geschäftspraktiken oder bei Kreditschutzmaßnah-
men auf schutzwürdige Interessen anderer stößt. Hier wird man
für eine Schadensersatzhaftung immer darauf abstellen, wo die
Handlungsfreiheit des einzelnen aufhört und die Verletzung
fremder Interessen und das vorwerfbare Unrecht beginnt. In
diesem Bereich bleibt das Verschuldensprinzip unentbehrlich.

Anders liegt es aber da, wo das Deliktsrecht Person und
Güter anderer *gegen Unfälle*, gegen Gefährdung und Verletzung schützen soll. Hier ist es zwar möglich, an die schuldhafte
Verletzung, an die vorwerfbare Nichtbeachtung der erforderlichen Sorgfalt anzuknüpfen, aber man ist rechtspolitisch frei,
den Handelnden auch mit den Folgen unverschuldeten Handelns
zu belasten, wenn man meint, daß sie sein Wagnis sein müssen
und nicht zu dem allgemeinen Lebensrisiko des Betroffenen
gezählt werden dürfen.

Dennoch spielt das Verschuldensprinzip auch im Unfallrecht
eine gewichtige Rolle, nämlich aus der Sicht des Unfallopfers. Es

erscheint besonders unangemessen, wenn der Verletzte einen Schaden endgültig tragen soll, der auf das menschliche Verschulden eines anderen zurückzuführen ist.

Nehmen Sie aus dem Bereich der Produktenhaftpflicht das Problem der Entwicklungsgefahren, etwa den Conterganfall. Vielleicht geht es, insbesondere im Hinblick auf kleinere Unternehmen, die sonst nicht am Wettbewerb teilnehmen könnten, zu weit, dem Arzneimittelhersteller das Risiko von Entwicklungsgefahren auch dann aufzuerlegen, wenn er bei der Erprobung und Testung des Mittels mit aller Umsicht und Sorgfalt vorgegangen ist und nach dem Stande der Wissenschaft mit Schäden oder schädlichen Nebenwirkungen jenseits der Toleranzgrenze nicht rechnen konnte. Aber *wenn* es so lag, daß Fahrlässigkeit zu bejahen war oder negative Erfahrungen sogar beiseite geschoben wurden, dann *mußte* der Verletzte von den Verantwortlichen Schadenersatz erhalten.

Der weiteren Veranschaulichung diene ein bekannter vom Bundesgerichtshof 1967 entschiedener Fall[15]. Ein nahezu fabrikneuer Wagen geriet bei normaler Fahrt ins Schleudern und überschlug sich, weil die Achse Risse hatte, die auf Schmieden bei zu niedriger Temperatur beruhten. Die mögliche und nötige Kontrolle des Werkstücks (durch magnetische Flutung) war unterblieben. Das Unternehmen muß hier nach der angestrebten Reform des § 831 BGB für das Verschulden seiner Leute haften, ohne daß aufgeklärt werden müßte, ob eigenes Verschulden der Betriebsspitze, Organisations- oder Aufsichtsverschulden vorlag. Solche verschuldeten Unfälle gehören *jedenfalls* in den Bereich einer modernen "enterprise liability". Ihre Folgen *müssen* dem Betroffenen abgenommen werden.

Eine solche von Auswahl-, Einsatz- oder Überwachungsverschulden unabhängige Haftung für das Verschulden der Leute des Unternehmens ist gewiß eine *objektive* Haftung des Geschäftsherrn. Aber man sollte sie nicht als Gefährdungshaftung bezeichnen, wie das immer wieder einmal geschieht. Mit deren Grundgedanken hat sie nichts zu tun. Ebenso wenig wie etwa die heute so weit ausgedehnte Haftung aus § 31 BGB. Auch die Haftung für fremdes Verschulden wird richtiger

---

[15] BGH v. 17. 10. 1967 (VI), NJW 1968, 247 = LM Nr. 10 (Fc) zu § 831 BGB (Schubstrebenfall).

erfaßt, wenn man sie im Zusammenhang der Verschuldenshaftung, also der Schadensüberwälzung bei verschuldeten
Unfällen, sieht.

III

Es ist oft darauf hingewiesen worden, daß man den Gegen-
satz zwischen Verschuldens- und Gefährdungshaftung nicht zu
scharf sehen darf. So wie unser heutiges Haftungssystem von
der Praxis ausgebildet worden ist, handelt es sich eher um einen
allmählichen Übergang, und zahlreiche Elemente treten bei
beiden Haftungsformen gemeinsam auf, wenn auch mit verschiedener Intensität und verschiedenem Gewicht. Auch für die
Bestimmung der im Verkehr erforderlichen Sorgfalt muß abge-
wogen werden, wie weit die mit einem Verhalten verbundene
unvermeidliche Gefährdung Dritter hingenommen werden darf,
wenn alles vernünftigerweise in Betracht Kommende geschieht,
um dieses Risiko zu beherrschen. Und die Gefährdungshaftung
hat nicht weniger als die Verschuldenshaftung die Tendenz,
auf Gefahrbeherrschung und -vermeidung und Risikominderung
hinzuwirken.

Auch die Haftung aus § 823 BGB bietet heute ein anderes
Bild als in den ersten Geltungsjahren des BGB. Die Fülle von
Schutznormen im Sinne von § 823 Abs. 2 BGB, die sich der
technischen Entwicklung anpassen, und der Ausbau der Verkehrssicherungspflichten gemäß § 823 Abs. 1 BGB durch die
Rechtsprechung lassen auch die Fahrlässigkeitshaftung eine
wichtige Rolle bei der Behandlung technischer Gefahren spielen.
Dabei braucht man gar nicht an das Arbeiten mit fiktivem Verschulden (negligence without fault)[16] auf Grund nachträglicher
Aufstellung unrealistischer Sorgfaltsanforderungen zu denken.
Das begegnet nach der grundsätzlichen Kritik durch *Esser*[17]
heute, wenn ich recht sehe, nicht mehr so häufig. Die Rechtsprechung behandelt aber — und das ist durchaus legitim —
die Verkehrssicherungspflichten nach § 823 Abs. 1 BGB ganz
ähnlich den Schutznormen aus § 823 Abs. 2 BGB und läßt den

---

[16] *Albert Ehrenzweig:* Negligence Without Fault. Berkeley 1951. Erneut
abgedruckt Calif. L. Rev. 54 (1966) 1422.
[17] *Esser:* Grundlagen und Entwicklung der Gefährdungshaftung. 1941.
Derselbe: Die Zweispurigkeit unseres Haftpflichtrechts. JZ 1953, 129. *Derselbe:* Schuldrecht II, 3. Aufl. 1969, § 108 I S. 413.

Haftpflichtigen für alle Unfälle einstehen, die sich als Verwirklichung einer schuldhaft geschaffenen Gefahrenlage darstellen.

Ein Element strikter Haftung liegt weiter in der objektiven Handhabung des Fahrlässigkeitsbegriffs im Zivilrecht. In ihrer Allgemeinheit halte ich diese Abweichung vom Strafrecht nicht für berechtigt. Bei gefährlichen Tätigkeiten und dem Umgang mit technischen Gefahren ist diese Praxis aber legitim. Schon vom Beweisrisiko her ist es rechtspolitisch vernünftig, hier im Haftpflichtrecht keine auf subjektives Ungenügen gestützte Entlastungsmöglichkeit zu eröffnen.

Ein weiterer Schritt in Richtung auf eine Risikohaftung liegt in den Beweislastumkehrungen des Gesetzes im Fall der Gebäude- und Werkshaftung nach § 836 BGB und der Tierhalterhaftung nach § 833 Satz 2 BGB. Das Gleiche gilt von der Rechtsprechung, wenn sie bei Verstößen gegen Schutzgesetze oder Unfallverhütungsvorschriften oder bei schweren ärztlichen Kunstfehlern hinsichtlich der Verschuldens- und unter Umständen auch der Verursachungsfrage die Prinzipien des Anscheinsbeweises und teilweise sogar der Beweislastumkehrung heranzieht. Sowohl bei der Beweislastumkehrung wie beim primafacie-Beweis geht es, wie seinerzeit schon *Rabel*[18] gezeigt hat, um materielle Haftungsverschärfungen, was allein auch das Eingreifen des Revisionsgerichts in diesen Fragen rechtfertigt. Welche Bedeutung diese Behandlung der Beweislastprobleme im Haftungsrecht hat, ist jüngst besonders eindrucksvoll in der Entscheidung des Bundesgerichtshofs zur Produzentenhaftung im Hühnerpestimpfstofffall hervorgetreten[19]. Das Urteil kann trotz seiner auf das Beweisrecht abstellenden Lösung zu einer wichtigen Stufe im weiteren materiellrechtlichen Ausbau der Haftung des Warenherstellers werden.

So enthält also unser Haftungsrecht, auch bevor der Schritt zur Gefährdungshaftung getan wird, bereits wichtige Momente objektiver Risikozuweisung.

---

[18] *Rabel:* Umstellung der Beweislast, insbesondere der prima-facie-Beweis. RheinZ. 12 (1923) 428 = Gesammelte Aufsätze, her. von *Leser,* I (1965) 375. Vgl. jetzt *Hauss,* NJW 1967, 969, zu den dort genannten Arbeiten von *Blomeyer, Diederichsen, Hainmüller* und *Jürgen Prölss.*

[19] BGH v. 26. 11. 1968 (VI), BGHZ 51, 91.

IV

Nach dem Grundgedanken der Gefährdungshaftung soll bei
besonderen nicht voll beherrschbaren technischen Gefahren, die
wir in Kauf zu nehmen genötigt sind, derjenige das Risiko auch
unverschuldeter Unfälle tragen, der die Gefahrenquelle
beherrscht und nutzt. Die Haftung gründet sich auf die Wagnis-
übernahme. Es sind verschiedene rechtspolitische Gesichtspunkte
die hierbei mitsprechen.

1. Die Zulassung der Gefährdung erscheint nur dann als
erträglich, wenn der Wagnisträger für die Schäden eintritt, die
sich trotz aller zu ihrer Verhütung getroffenen Maßnahmen
nicht haben verhindern lassen.

2. Der Wagnisträger soll diese Schadensrisiken als Teil des
Geschäftsaufwandes einkalkulieren und als Betriebsunkosten
tragen müssen, sei es über die Versicherungsprämien, sei es bei
Großunternehmen auch im Wege der sogenannten Selbstver-
sicherung.

3. Hinzu kommt der Gedanke, daß es sachgerecht ist, denje-
nigen haften zu lassen, der die Gefahrenquelle beherrscht. Er ist
in der Lage, auf Schadenverhütung und Gefahrenminderung
hinzuwirken. Das Interesse, das Risiko versicherbar zu halten
oder durch seine Verringerung die Versicherungsprämien und
damit seine Kosten senken zu können, soll einen Anreiz bilden,
alles zur Schadenverhütung oder Schadenminderung Mögliche
zu tun.

4. An einem eingetretenen Unfall kann im übrigen immer
auch menschliches Verschulden — Fehlverhalten im Einzelfall,
Fehler in der Betriebsorganisation — mitgewirkt haben. Für
den außenstehenden Betroffenen wäre das in der Regel nicht
aufklärbar. Mit bloßer Beweislastumkehrung wäre ihm nicht
geholfen, da er keinen Zugang zum Beweisstoff, keinen Einblick
in die Betriebsinterna hat, so daß er einem angebotenen Exkul-
pationsbeweis kaum wirksam entgegentreten könnte und daher
in aller Regel auch dann leer ausgehen würde, wenn in Wahr-
heit Verschulden vorlag.

5. Ein weiterer wichtiger Gesichtspunkt, der besonders im
anglo-amerikanischen Recht eingehend erörtert und durchdacht
worden ist, ist der folgende. Soweit derjenige, der die Gefahr
beherrscht und nutzt, im Markt steht, ist er in der Lage, die

Kosten des Risikos über den Preis unter eine Vielzahl von an den Produkten oder Leistungen des Betriebs interessierten Kunden zu verteilen. Derjenige soll also mit dem Unfallrisiko belastet werden, der in der strategisch günstigsten Position ist, dasselbe auf viele Schultern zu verteilen. Damit wird zugleich der Druck des Marktes auf Risikominderung (und gegebenenfalls auch Einstellung eines mit zu hohem Risiko belasteten Betriebes oder Betriebszweiges) für die Unfallbekämpfung nutzbar gemacht.

6. Dem einzelnen Unfallbetroffenen aber wird ein Risiko abgenommen, das für ihn ganz und gar zufällig, unvorhersehbar und unkalkulierbar ist. Nicht das Unfallopfer hat die hier in Rede stehenden Risiken als Lebensrisiko der modernen technischen Welt durch Abschluß einer allgemeinen Unfallversicherung zu tragen und damit den Wagnisträger zu subventionieren. Die Kosten müssen vielmehr demjenigen angelastet werden, der die Gefahrenquelle beherrscht und nutzt.

Die Rechtfertigung der Gefährdungshaftung liegt also in einer Vielfalt von Gesichtspunkten, die bei den einzelnen Fällen der Gefährdungshaftung mehr oder weniger vollständig und mit verschiedener Intensität zusammenwirken.

Das und die Tatsache, daß diese Einzelfälle in Haftungsfolgen, Haftungshöchstsummen und Haftungseinschränkungen oder -ausschlüssen vielfach auf Grund historischer Zufälligkeit verschieden geordnet sind, haben die deutsche Rechtsprechung bisher gehindert, über die gesetzlich geregelten Einzelfälle der Gefährdungshaftung im Wege der Analogie hinauszugehen.

V

Eine solche Gefährdungshaftung besteht heute bekanntlich neben der im BGB nur teilweise in diesem Sinne geordneten Tierhalterhaftung bei Eisenbahnen, Straßenbahnen, Kraftfahrzeugen, Luftfahrzeugen, Hochspannungs- und Gasleitungen und -behältern, Atomanlagen, Isotopenverwendung und Gewässerverunreinigung.

Der *Referentenentwurf* eines Gesetzes zur Änderung und Ergänzung schadensersatzrechtlicher Vorschriften des Bundesjustizministeriums vom Januar 1967[20] wollte am Prinzip der

---

[20] Vgl. oben Anm. 1.

kasuistischen Sonderregelung der Gefährdungshaftung festhalten, aber neue Spezialtatbestände hinzunehmen. Er knüpfte dabei an die häufigsten technischen Unglücksfälle an, die in den letzten beiden Jahrzehnten in der Öffentlichkeit bekannt geworden waren. Anlaß waren weiter die Fälle, in denen die Rechtsprechung, um zu einer Haftung zu gelangen, praktisch mit Verschuldensfiktionen — negligence without fault im Sinne von *Albert Ehrenzweig* — gearbeitet hatte. Man beurteilte ex post, was zur Vermeidung des konkreten Unfalls erforderlich gewesen wäre, und kam damit zu ex ante sinnvollerweise gar nicht erfüllbaren Sorgfaltsanforderungen. Bekanntes Beispiel sind etwa die schweren Verkehrsunfälle, die sich morgens auf menschenleerer Straße infolge von Wasserrohrbrüchen ereigneten, weil das unter Druck ausströmende Wasser die Straßendecke unterspült hatte, die dann äußerlich scheinbar intakt unter der Belastung plötzlich einbrach.

So wollte der Entwurf eine Gefährdungshaftung für Druckleitungen und Druckbehälter, also Wasser-, Dampf- (Fernheizungs-), Ölleitungen und -behälter einführen. Weiter sollte im Hinblick auf Explosionsunglücke bei Fabriken und ähnliche Unfälle eine Haftung für Anlagen und das Arbeiten mit feuer- oder explosionsgefährlichen, hochgiftigen oder stark ätzenden Stoffen statuiert werden. Diese wurden in einem seitenlangen, nur dem Chemiker verständlichen Katalog aufgeführt, der heute, wie es heißt, bereits weitgehend überholt ist.

Das Ministerium stand bei dieser kasuistischen Methode unter dem Druck der Forderungen der Industrie, die jede Haftungserweiterung für bedenklich hielt und jedenfalls aus Rechtssicherheitsgründen genau festgelegt zu sehen wünschte, in welchen Fällen sie mit einer Gefährdungshaftung zu rechnen hätte. Auch die Wissenschaft hatte sich der deutschen Gesetzgebungstradition entsprechend weitgehend auf den Standpunkt gestellt, daß eine Fortbildung der Gefährdungshaftung nur im Wege der Spezialgesetzgebung in Betracht komme.

Der Entwurf löste nun aber mit dieser bis ins Extrem getriebenen Kasuistik erhebliche Kritik aus, die sowohl aus der Wissenschaft wie nunmehr auch aus Kreisen der Wirtschaft kam. Der Gesetzgeber kann bei einer solchen Spezialgesetzgebung mit der technischen Entwicklung niemals Schritt halten. Die Erfahrungen, die man anderwärts, zum Beispiel in Frankreich

mit der aus Art.1384 Abs. 1 C. civ. entwickelten Generalklausel
einer allgemeinen Sachhalterhaftung (d. h. einer generellen Haftung für Schädigung durch Sachen, die jemand unter seiner
Obhut hat) gemacht hat, zeigen, daß eine solche generalklausel-
artige Haftpflichtregel offenbar nicht zu unkalkulierbaren
Belastungen und zu unerträglicher Rechtsunsicherheit führt.

Vor allem die chemische Industrie fühlte sich durch die
geplante Regelung diskriminiert. Sie legte Statistiken der
Berufsgenossenschaften vor, nach denen bei ihr das Schwerge-
wicht der Betriebsunfälle gar nicht in chemischen Prozessen,
sondern an Arbeitsmaschinen, Bauten, Lasten- und Personen-
beförderungsmitteln entstanden sei.

Es ist in der Tat überraschend, daß der Entwurf die Gefährdungshaftung nicht beispielsweise auf Motorboote, Sesselbahnen, Skilifte oder auf Berg- und Talbahnen, Kettenkarusselle
und dergleichen erstreckt hatte, bei denen ja immer wieder einmal Unfälle infolge von Beschaffenheitsfehlern, Versagens ihrer
Verrichtungen oder Bedienungsfehlern auftreten. Auch Bau-
kräne, Greifbagger, sonstige Baumaschinen, Planierraupen und
dergleichen wie überhaupt sonstige Maschinen und Motoren
sind von dem Entwurf nicht miteinbezogen worden. Ein bei
einer Operation eingesetzter Narkoseapparat versagt etwa und
das führt zum Tode des Patienten. Wegen Maschinenausfalls
lassen sich Schleusentore nicht wieder schließen und ein Schiff
kentert. Muß in solchen Fällen nicht eine Haftung für technische
Mängel und das Versagen technischer Verrichtungen statuiert
werden? Auch eine Haftung für Staudämme, für Steinbrüche
mit ihren Sprengarbeiten und für Baugerüste und dergleichen
sucht man vergeblich.

So wurde denn zunehmend gefordert, es mit der Ausar-
beitung einer Generalklausel der Gefährdungshaftung zu ver-
suchen. Dafür sind insbesondere *Zweigert* und *Kötz* in einem
bekannten rechtsvergleichenden Gutachten von 1966, das sie
für die chemische Industrie erstattet haben, eingetreten[21].
Weiter haben sich vor allem *Weitnauer* und *Deutsch*[22] für

---

[21] *Zweigert-Kötz:* Die Haftung für gefährliche Anlagen (oben Anm. 1).
[22] *Weitnauer:* Aktuelle Fragen des Haftungsrechts. VersR 1970, 585, 598
sowie *Weitnauer* und *Deutsch* Karlsruher Forum 1967 und 1968 (vgl. oben
Anm. 1).

eine solche Generalklausel der Gefährdungshaftung ausgesprochen, und auf dem Karlsruher Forum von 1967 und 1968 setzte man sich fast einhellig für eine solche Lösung ein. Professor *Deutsch* hat hier als Diskussionsgrundlage einen interessanten Formulierungsvorschlag einer Generalklausel vorgelegt, der im Druck befindlich aber leider noch nicht erschienen ist. Er will an die Schaffung und Beherrschung von Gefahren anknüpfen, also nicht nur die Anlagenhaftung und die Haftung für gefährliche Sachen sondern auch gefährliche Tätigkeiten wie den Umgang mit Schußwaffen, Skilaufen oder Turmspringen miterfassen und der Rechtsprechung durch die beispielsmäßige Aufzählung der wichtigsten Haftungsfälle sowie durch die ausdrückliche Nennung der ratio der Haftung die Abgrenzung dessen, was eine besondere haftungsbegründende Gefahr ist, erleichtern.

Kürzlich hat dann *Kötz* in seiner ausgezeichneten Abhandlung im AcP von 1970: „Haftung für besondere Gefahr — Generalklausel für die Gefährdungshaftung" eine sehr diskutierenswerte allgemein formulierte Bestimmung vorgeschlagen, die eine Halter- und Besitzerhaftung für gefährliche Anlagen und Stoffe bis zur Grenze höherer Gewalt vorsehen will.

Aussichtsreicher ist aber vielleicht der Vorschlag, aus den bisher anerkannten und in der Reformdiskussion praktisch unstreitig gewordenen Fällen Gruppen zu bilden und damit mehrere weitgefaßte in sich analogiefähige Tatbestände zu bilden. Damit würde das bisher von Wissenschaft und Rechtsprechung überwiegend angenommene Analogieverbot aufgehoben. Durch die beispielhafte Aufzählung der wichtigsten Fälle würde aber das Urteil, ob es sich wirklich um eine besondere nicht voll beherrschbare Gefahr handelt, bei der eine objektive Haftung geboten ist, durch konkrete Anhaltspunkte, welche die Fallgruppen zu liefern vermögen, erleichtert werden.

1. Beginnen sollte man m. E. mit einer *objektiven Haftung* für Bauten und andere Werke, die an § 836 BGB anknüpfen, die Haftung aber im Sinne von Art. 58 des schweizerischen OR auf andere Werke erweitern könnte. Sie müßte an den objektiven Tatbestand mangelhafter Herstellung und Unterhaltung anknüpfen und hierfür die heute mögliche Exkulpation ausschließen. Das Risiko liegt hier allein darin, daß die Herstellungs- und Unterhaltungsmaßnahmen nicht sachgerecht ausgeführt sind, und das Regressrisiko hinsichtlich damit betrauter

Dritter sollte der Besitzer des Werkes tragen, zumal der Unfall-
geschädigte hier keinerlei Einblicksmöglichkeit hat. Damit hätte
man eine Haftung für Gebäude, Staudämme, Talsperren, aber
auch für Schwimmbecken, Baugerüste oder Zuschauertribühnen,
Kiesgruben und ähnliches. Die Haftung kann hier an die Folgen mangelhafter Herstellung und Unterhaltung anknüpfen.
Eine darüber hinausgehende Gefährdungshaftung, etwa für
fremde Kinder, die eindringen und in das Schwimmbecken fallen, wäre unangebracht. Insoweit braucht man über die Haftung aus normaler Verkehrssicherungspflicht nicht hinauszugehen.

2. Hiervon zu trennen wären die Fälle eigentlicher Gefährdungshaftung für die technischen Risiken.

a) Wir brauchen eine solche Gefährdungshaftung einmal bei
allen technischen Beförderungsmitteln, also bei Eisenbahn,
Straßenbahnen, Kraftfahrzeugen, Motorbooten, Luftfahrzeugen, Sesselbahnen, Schleppliften, Fahrstühlen, Rolltreppen und
bei den heute immer schneller gewordenen und stärker technisierten Berg- und Talbahnen, Achterbahnen, Karussells, Luft-
schaukeln auf Jahrmärkten und Messen. Und wir brauchen die
Haftung überhaupt bei allen Maschinen und Motoren.

b) Eine zweite Gruppe der Gefährdungshaftung für technische Gefahren könnten Anlagen und Betriebe bilden, die mit
Elektrizität, Gas, hohem Druck, hochgiftigen, stark ätzenden,
leicht brennbaren, strahlenden oder in ähnlicher Weise gefährlichen Stoffen arbeiten oder sie aufbewahren oder fortleiten.
Hier ist nicht nur eine Haftung eines Anlageninhabers sondern
auch die Haftung des Besitzers erforderlich. Auch derjenige,
der solche Stoffe lagert oder transportiert, hat die Gefahr unter
seiner Herrschaft, und für Versagen bei sachwidrigem Transport
von Sprengstoff, grundwasserverschmutzendem Öl usw. muß
gerade auch der Transporteur unter der Drohung der Risikohaftung stehen. Die beispielhafte aber nicht abschließende Aufzählung der derzeit wichtigsten Fälle solcher gefährlichen Stoffe
sollte die Absteckung des Anwendungsbereichs gegenüber einer
abstrakten Tatbestandsformulierung erleichtern.

3. Schließlich sollte, wie seit langem gefordert worden ist,
bei der Tierhalterhaftung die Exkulpation des § 833 Satz 2
BGB fallen, die in der Praxis zu seltsamen Prozessen und Sorg-

faltsanforderungen führt. Auch bei Nutztieren kann verlangt werden, daß der Tierhalter die Tiergefahr versichert.

Problematisch ist die Frage, ob man über diese Anlagen-, Betriebs- und Besitzerhaftung hinausgehen und auch gefährliche Tätigkeiten in eine Haftung ohne Verschulden einbeziehen sollte. Das ist m. E. abzulehen. Auch rechtsvergleichend gibt es dafür, wenn ich recht sehe, keine Vorbilder. Doch bedarf das noch weiterer Prüfung. Bei der Gefährdungshaftung geht es nach der Formulierung *Essers*[23] um die Haftung des Unternehmers, Inhabers oder Halters für gegenständlich verkörperte nicht voll beherrschbare Gefahrenquellen. Daran sollte man festhalten, denn nur hier treffen die oben geschilderten Gründe für die vom Verschulden unabhängige Belastung mit dem Haftungsrisiko typischerweise zusammen. Bei gefährlichen Tätigkeiten wie dem Operieren des Arztes, der Arzneimittelabgabe durch den Apotheker, den Berechnungen des Statikers oder beim Sport, beim Skilaufen oder Turmspringen oder bei Jagdausübung kann man an der Verschuldenshaftung festhalten. Hier zieht das Verschuldensprinzip nach wie vor die angemessene Grenze für die Fälle, in denen einem Verletzten sein Schaden abgenommen werden muß. Das setzt freilich voraus, daß das hinter dem Handelnden stehende Krankenhaus, die hinter ihm stehende Firma nach einem reformierten § 831 BGB unbedingt für sein Verschulden einzustehen haben.

VI

Entscheidend für die Wirkung einer Reform wären aber die inhaltliche Ausgestaltung der Gefährdungshaftung, das heißt die Ausschlußgründe (unabwendbares Ereignis oder nur höhere Gewalt), die Frage des geschützten Personenkreises, des mitwirkenden Verschuldens, des Schmerzensgeldes und der Haftungsgrenzen.

1. Die bei technischen Risiken gebotene Gefährdungshaftung muß bei allen Personen- und Sachschäden eingreifen, die sich als Verwirklichung der Gefahr darstellen, für die gehaftet wird. Sie darf also nur in Fällen *höherer Gewalt* ausgeschlossen sein. Vorgänge, die heute bei der Haftung nach § 7 StVG als unabwendbares Ereignis angesehen werden, gehören vielfach durch-

---

[23] *Esser*, Schuldrecht II, 3. Aufl. 1969, § 114 VI S. 488; im gleichen Sinne auch *Larenz*, Schuldrecht II, 9. Aufl. 1969, § 71 VIII S. 508.

aus zur typischen Betriebsgefahr und müssen daher über die Versicherungsprämien von der Gemeinschaft der am Kraftverkehr Beteiligten getragen werden. Ihre Einbeziehung ist wichtiger als die immer weiter um sich greifende inhaltliche Ausweitung des Schadensersatzes auf Karenzschäden und dergleichen, deren prämienverteuernde Wirkung wesentlich stärker ins Gewicht fallen dürfte. Unfälle durch Nägel oder unbeleuchtete Hindernisse auf der Fahrbahn, nicht erkennbare plötzliche Glatteisbildung oder Ölpfützen, unvorhersehbares Hineinlaufen von Passanten, Kindern oder Tieren in die Fahrbahn, Sichtbehinderung durch von anderen Fahrzeugen hochgeschleuderte Steine, die in die Windschutzscheibe fliegen, sind alles typische Risiken des Autoverkehrs und sollten nicht als unabwendbare Ereignisse entlasten können. Auch in Frankreich gibt der Ausschluß der Haftung in Fällen solcher Art wegen des Vorliegens einer «cause étrangère» *Tunc* einen gewichtigen Ansatzpunkt für seine Kritik des heutigen Haftungssystems.

2. Auch die *Kraftfahrzeuginsassen* sollten nicht auf eine Verschuldenshaftung verwiesen werden, sondern in allen Fällen von der Gefährdungshaftung gedeckt sein. Bei der heutigen Allgemeinbenutzung des Autos ist es nicht mehr gerechtfertigt, die Insassen bei einem Verkehrsunfall anders zu behandeln als dritte Verletzte.

3. Weiter ist ernstlich zu erwägen, ob nicht unser materielles Haftungsrecht für Personenschäden im sachlichen Ergebnis der Sozialversicherung hinsichtlich der Behandlung *mitwirkenden Verschuldens* angenähert werden muß. Die Gewöhnung an die täglichen Gefahren des Verkehrs spielt sicherlich eine ähnliche Rolle wie die Gewöhnung an die Gefahr von Betriebsunfällen. Zum mindesten sollte nur noch grobes Mitverschulden gegenüber der Unfallhaftung anspruchkürzend herangezogen werden.

4. Mit dem Referentenentwurf[24] sollte auch bei Gefährdungshaftung *Schmerzensgeld* zugebilligt werden. Gegenüber der Energie, mit der heute die Schmerzensgeldzahlung auch bei Arbeitsunfällen verlangt wird, bedarf die sachliche Berechtigung einer solchen Geldentschädigung bei einer durch den Unfall herbeigeführten *Lebensbeeinträchtigung* wohl keiner Begründung

---

[24] Begründung S. 157 f.

mehr. Das hat vor allem *Stoll*[25] m. E. überzeugend dargetan. Schwere Entstellungen, dauernde nicht mehr zu beseitigende Kopfschmerzen, Querschnittlähmung, Unfallepilepsie, Verlust einer Hand, etwa bei einem Schriftsteller, der in seiner Freizeit leidenschaftlicher Geigenspieler war, bedürfen einer Ausgleichsleistung in Geld, auch wenn und so weit sie die Erwerbsfähigkeit nicht beeinträchtigen und den Lebensaufwand nicht gesteigert haben. Die Gefährdungshaftung erfüllt ihre Funktion nur dann, wenn nicht daneben nur um des Schmerzensgeldes Willen noch ein auf die Verschuldungshaftung gestützter Prozeß geführt werden muß.

5. Aus dem letztgenannten Grunde müssen auch die erst mit der Einführung der Kraftfahrzeughaftung im Jahre 1909 und mit den Wirren der Inflationszeit von 1923 in unser Recht eingedrungenen *summenmäßigen Begrenzungen* der Gefährdungshaftung fallen. Weder im Common Law noch in den romanischen Rechten finden sie sich. Auch Schweden und der Schweiz beispielsweise sind sie unbekannt. Daß ohne sie die Gefährdungshaftung nicht versicherbar sei, ist unrichtig. Jede Haftpflichtversicherung muß heute neben der Gefährdungshaftung zugleich die Verschuldenshaftung decken, die betragsmäßig unlimitiert ist. Dabei wird in Deutschland keine unbegrenzte Versicherungsdeckung gegeben, aber die Prämienlast für eine erhebliche Erhöhung der Versicherungssumme ist wegen des abnehmenden Risikos so hoher Spitzenschäden relativ recht gering. Ich sehe dabei von Sondersituationen wie der Versicherung von Reaktor- oder Talsperrenrisiken ab, wo das Hauptrisiko gerade bei den Großschäden liegen mag. Natürlich kann niemand eine völlig unbeschränkte Haftung tragen. Eine Reduktionsklausel, wie sie § 255 a des Referentenentwurfs vorsieht, ist auch für die Gefährdungshaftung erforderlich. Entsprechendes ist in den Diskussionen auf dem Karlsruher Forum von 1967 und 1968 vorgeschlagen worden. Die Ersatzpflicht sollte bei Schäden, die im Verhältnis zu den vom Haftpflichtigen zu vertretenden Umständen außergewöhnlich hoch erscheinen, ermäßigt werden können. Dabei sollte die Ersatzpflicht nach dem Vorschlag von *Weitnauer* in der Regel insoweit eingeschränkt werden, als sie den Betrag übersteigen würde, bis zu welchem dem Haftpflich-

---

[25] *Stoll:* Ersatz für immateriellen Schaden im Verkehrsrecht. DAR 1968, 303 (304).

tigen ihre Deckung durch Haftpflichtversicherung zumutbar war.

VII

Eine schwierige technische Frage ist, ob die neue Regelung die bisherige Einzelgesetzgebung ersetzen oder als bloß ergänzende Generalklausel neben sie treten sollte. Die Frage ist nicht mehr so wichtig, wenn im sachlichen Recht eine Vereinheitlichung im Sinne der hier vorgetragenen Thesen erreicht wird. Gelingt das aber, so wäre eine auch formale Vereinheitlichung vorzuziehen. Sie ist freilich da unmöglich, wo wir durch internationale Übereinkommen auf bestimmte Regelungen verpflichtet sind, wie im Luftrecht, im Kernenergierecht und demnächst vielleicht auch bei der Haftung für Schäden durch Ölverschmutzung auf See. Auch bei der Gewässerverschmutzung, der Haftung aus § 22 Wasserhaushaltsgesetz, wird man der Regelung ihre Sonderstellung belassen müssen. Das ist schon im Hinblick auf Wesen und Umfang des in Frage stehenden Schadens geboten. In den übrigen Fällen der Gefährdungshaftung geht es um Unfälle, bei denen für Personen- und Körperverletzung und Sachbeschädigung nebst den sich daraus ergebenden Folgeschäden gehaftet wird. § 22 des Wasserhaushaltsgesetzes trifft dagegen einen besonders gravierenden Fall der Umweltverseuchung und alle sich daraus ergebenden Schäden, auch Vermögensschäden, insbesondere auch die unter Umständen sehr kostspieligen Maßnahmen, die zur Bekämpfung weiterer Verschmutzung ergriffen werden müssen. In dieser Richtung nimmt übrigens auch das Kernenergierecht eine ähnliche Sonderstellung ein, da hier zur Diskussion steht, ob die nach der international beabsichtigten Regelung zu ersetzenden Schäden nicht auch Betriebsausfallschäden, Umweltverseuchungsschäden und die Kosten von Vorbeugungsmaßnahmen gegen die Ausbreitung von Schäden umfassen müssen.

VIII

Die Fragen der Produktenhaftpflicht habe ich nur gestreift. Auch hier wird Haftung ohne Verschulden gefordert. Aber das hat mit den überkommenen Tatbeständen der Gefährdungshaftung nichts zu tun. Bei diesen geht es, wie wir sahen, um die

Haftung des Unternehmers, Inhabers oder Halters für gegenständlich verkörperte nicht voll beherrschbare Gefahrenquellen. Der Bundesgerichtshof hatte also im Hühnerpestimpfstoffurteil zur Produzentenhaftung insoweit im Ergebnis sicher recht, wenn er Analogien hierzu ablehnte[26].

Die Haftung des Warenherstellers (und im Rahmen seiner Pflichten des Händlers) muß an die Verkehrssicherungspflichten geknüpft bleiben. Diese gehen dahin, keine Waren auf den Markt zu bringen, die nicht sachgerecht zusammengesetzt, konstruiert und getestet sind oder bei denen Fertigungsfehler unterlaufen sind, die Schäden verursachen können. Sie gehen weiter dahin, bei Produkten, die bei unvorsichtigem Umgang oder unrichtiger Verwendung gefährlich werden können, durch Hinweis, Warnung oder sonstige geeignete Maßnahmen hinreichende Vorsorge zu treffen. Hierfür aber ist eine strikte Haftung für das Funktionieren des Betriebsbereichs geboten. § 831 BGB ist auf diesem Gebiet durch die Rechtsprechung des Bundesgerichtshofs faktisch bereits ausgeschaltet. Die Beweiserleichterungen zu gunsten des Verletzten, mit denen der Bundesgerichtshof bis hin zum Hühnerpestimpfstoffurteil nun immer wieder gearbeitet hat, sind aber wohl mit *Hauss*[27] als eine Vorstufe der Anerkennung eines materiellrechtlichen Einstehenmüssens des Herstellers anzusehen. Auch für menschliches Versagen, das nicht als Verschulden qualifiziert werden kann, und für technisches Versagen muß der Hersteller nach dem so völlig gewandelten Charakter moderner technischer Herstellungsprozesse das Risiko tragen. Diesen Schritt aber sollte die Rechtsprechung in Fortentwicklung der bisherigen Linie der Entscheidungen etwa im Sinne des bekannten Vorschlages des niederländischen Entwurfs eines bürgerlichen Gesetzbuchs[28] tun können, ohne auf legitimen Widerspruch zu stoßen. Eine darüber hinausgehende Erfolgshaftung für alle Produktenschäden einschließlich der sogenannten Entwicklungsgefahren ginge aber über das Risiko hinaus, daß man dem Unternehmen aufbürden kann. Die Versicherungswirtschaft dürfte recht haben, daß

---

[26] BGH v. 26. 11. 1968 (VI), BGHZ 51, 91 (98).

[27] *Hauss:* Entwicklungslinien des deutschen Schadensersatzrechts. ZVersWiss 1967, 151, 159.

[28] Wiedergegeben z. B. in *meiner* Abhandlung: Products Liability, in: Jus privatum gentium. Festschrift für Max Rheinstein. II (1969) 659, 662.

dieses Risiko unkalkulierbar ist. Eine von der Erfüllung aller vernünftigerweise denkbaren Pflichten zur Untersuchung und Testung absehende Belastung mit den Entwicklungsgefahren würde die Kleinbetriebe und vor allem die marktschwache Zulieferindustrie vom Wettbewerb ausschalten. Man muß also sehr sorgfältig abstecken, für welche Risiken "strict liability" bei der Warenherstellung legitim ist. Eine allgemeine „Gefährdungshaftung" kommt hier nicht in Betracht.